LA
GUERRE

Document concernant la Réorganisation politique de l'Europe.
Introduction. — La Question des Races et leur Affirmation en
Europe. — La Russie et le grand État Slave. — L'Allemagne
et le grand État Teuton. — La Race Latine et l'Angleterre.
Conclusion.

Par D. N. P.

Prix : 2 francs

PARIS

DÉPÔT ET VENTE CHEZ M. J.-P. BUZEIANO
19, Rue d'Enghien, 19

1882

Imprimerie Vve C. Zébébé, au N.-D.-des-Champs, 53, Paris.

LA

GUERRE

AVANT-PROPOS

Connaître *à fond* la situation actuelle des peuples européens, et s'efforcer d'entrevoir le plus clairement possible leur avenir probable, constitue, en règle générale, pour un homme d'Etat sérieux, le plus grand problème politique.

Une étude approfondie de la solution de ce problème était, depuis 1874, mon principal but, quand un diplomate de mes amis, au courant de mes recherches, trouva bon de m'envoyer, sous pli, un document politique de la première importance, concernant le plan général de la réorganisation politique des Etats de l'Europe.

Une coïncidence frappante se trouvait entre ces pièces politiques et mon travail, et dès lors, commençant à envisager de plus près les événements, j'acquis la ferme conviction que ce plan devait réellement exister quelque part, et qu'il ne tarderait pas à être réalisé bientôt dans tout son ensemble.

D'une part, voyant que, dans toute la presse, on ne fait que des suppositions à ce sujet, sans savoir au juste à quoi s'en tenir, et, d'autre part, les événements se déroulant avec une rapidité singulière, je me suis décidé à livrer ce document à la publicité la plus étendue, tout en l'accompagnant de quelques réflexions générales, et cela dans le but unique d'attirer l'attention **la plus** sérieuse des nations latines et des autres Etats menacés directement dans leur avenir, par l'affirmation manifeste de la race teutonne et de la race slave, en vue d'étendre leur domination sur toute la terre.

Qu'on ne nous dise pas que notre intention est simplement d'inquiéter les esprits en Europe et d'y allumer la révolution générale. En présence des faits qui se passent sous nos propres yeux, une pareille idée équivaudrait à l'aveuglement le plus déplorable et à l'aberration la plus complète.

La révolution est prête, elle est sur le point d'éclater. Nous ne faisons que la signaler aux Etats directement intéressés, pour qu'ils puissent se préparer à la défense de leur existence, si toutefois il en est temps encore.

Les Allemands d'un côté, les Slaves de l'autre, ne font, au demeurant, que réaliser en toute conscience leur idée politique, en relevant et en affirmant leurs races devant l'humanité entière, et cela leur fait honneur ; mais nous, qui faisons partie d'une autre race, non moins grande, nous voulons également remplir notre devoir, en faisant tout ce qui dépend de nous, pour la voir aussi relevée, affirmée et assurée dans l'avenir.

Si d'autres croient avoir des idées plus positives sur ce qui se passe, ils n'ont qu'à les livrer à la publicité ; la tribune de la presse est là. Après les discussions, les faits seuls ne tarderont pas à confirmer celles qui ont été les plus vraies et le plus clairement conçues.

Voilà tout ce que je puis dire en manière d'avant-propos, afin que chacun puisse s'édifier sur l'origine, sur le motif, ainsi que sur le but du travail que je présente au public.

D. N. P.

Paris, mai 1882.

DOCUMENT

CONCERNANT

LA RÉORGANISATION

POLITIQUE

DES ÉTATS

DE

L'EUROPE

LA RÉORGANISATION POLITIQUE

DES

ÉTATS DE L'EUROPE

———

L'organisation actuelle des Etats de l'Europe est la cause première et permanente de toutes les guerres qui entravent le rétablissement durable de la paix, seule condition pour assurer le progrès et le développement moral et matériel des hommes et des nations. Ces Etats, composés, pour la plupart, de nations hétérogènes et diamétralement opposées, quant à leur origine, sont impuissants à améliorer le sort de leurs populations ; leur existence doit, par conséquent, cesser, tous les peuples de même race tendant à se rallier autour de leur tronc originaire et à recouvrer leur existence naturelle.

D'un autre côté, une foule de petits Etats, qui n'ont aucune raison d'exister séparément, et dont les habitants sont livrés à l'avidité et à la mauvaise administration de leurs gouvernements, présentent en Europe un spectacle des plus inquiétants qui doit absolument cesser aussi, au grand profit du calme et de la sécurité publique et privée de l'Europe.

L'Allemagne et la Russie donneront, de concert, le branle à cette grande révolution politique, qui aura pour but principal d'établir en Europe, progressivement et dans des temps donnés, trois grands Etats, dessinés d'après les trois principales races qui prédominent actuellement en Europe, savoir : la *race allemande*, la *race slave* et la *race latine*.

Le premier acte, pour atteindre ce but, est réservé à la Russie, le second à l'Allemagne, le dernier à la France.

La Russie et l'Allemagne sont d'accord en principe et commencent déjà l'action. L'Angleterre, quoique ennemie déclarée de cette œuvre politique et protégeant la Turquie, y consentira plus tard, quand elle connaîtra mieux le rôle que lui réserve l'avenir.

Vu que les éventualités qui, autrefois, paraissaient lointaines se sont aujourd'hui considérablement rapprochées ; vu que les symptômes de la décadence de la domination turque en Europe se sont accumulés à un point qui doit nécessairement fixer, plus que jamais, l'attention des parties intéressées, le gouvernement russe doit se hâter de résoudre d'une manière définitive la question orientale, qui sera le commencement de la solution du grand problème de la réorganisation radicale de l'Europe.

Les passions en Orient sont excessivement surexcitées ; elles ont puisé de si grands encouragements dans les événements contemporains, qu'il reste bien peu de chance pour leur apaisement définitif par la voie de conciliation. Le sang a déjà plusieurs fois coulé, les intérêts sont directement aux prises, et la voix modératrice des puissances, lors même qu'elle se ferait entendre avec unanimité, risquerait fort de n'être écoutée ni d'un côté ni de l'autre.

Une solution radicale est donc absolument nécessaire et inévitable.

L'Orient est suffisamment mûr et l'Europe préparée pour une semblable solution. Devant une pareille éventualité, aucune puissance chrétienne ne peut avoir le courage de prendre matériellement fait et cause pour la domination turque contre le désespoir des populations chrétiennes.

L'opinion publique de tous les pays protesterait contre une pareille attitude.

Donc, la question orientale doit être tranchée avant tout, car elle ouvre la voie par laquelle les peuples nouveaux entreront dans le vaste édifice de la réorganisation européenne et de la paix générale.

Pour apaiser les troubles continuels en Orient et pour assurer l'autonomie et le bien-être des populations chrétiennes, le gouvernement russe, après avoir semé l'agitation et la révolte parmi elles, interviendra par la force armée et poursuivra la guerre contre l'empire turc jusqu'à sa complète destruction, en mettant ainsi toutes les populations sous sa protection pour les faire passer ensuite, à un moment donné, sous son entière et définitive domination.

Ainsi seront annexés à l'empire russe, progressivement et après avoir constitué des principautés, la Moldavie, la Valachie avec la Bessarabie, la Serbie, la Roumélie, la Macédoine, la Bulgarie, la Bosnie, l'Herzégovine, l'Albanie, le Monténégro, l'Epire, la Thessalie. toutes les Sporales et le royaume de la Grèce.

Pendant que le gouvernement russe agira par voie de fait pour s'emparer de Constantinople et pour jeter les Turcs au-delà du Bosphore, le cabinet allemand l'aidera par la voie diplomatique et, en cas de besoin, par les armes, pour con-

traindre les autres puissances à garder une attitude complètement passive.

Une fois cette principale partie de l'œuvre achevée, on
fera trève pendant un certain temps convenu.

En attendant, les cabinets russe et allemand feront leurs
ouvertures diplomatiques, pour s'assurer de la neutralité et
même du consentement de la race latine tout entière.

Il faudra d'abord tâcher de gagner le consentement de la
France, qui, désormais, sera plus prudente, plus prévoyante,
et connaîtra mieux quel doit être le grand intérêt qui devra
guider constamment sa politique, en la déterminant à tirer
parti du mouvement révolutionnaire et à occuper sans retard
et soumettre à sa domination la Belgique et la Suisse, deux
petits Etats qui n'ont aucune raison d'exister séparément.
Cette tâche sera d'autant plus facile à remplir, qu'en cas de
besoin, l'Allemagne sera toujours disposée à lui prêter main-
forte.

Pendant ce temps, l'Allemagne soumettra à sa domination
la Hollande, afin de s'ouvrir un débouché provisoire sur la
mer.

L'Espagne sera beaucoup plus aisée à gagner, en lui en-
joignant de soumettre à sa domination le Portugal qui, comme
Etat de troisième ordre et de même origine qu'elle, ne peut
plus figurer dorénavant comme Etat autonome et indépendant.

Toutes les possessions coloniales appartenant à ces Etats
radiés passeront sous la même domination qu'ont subie leurs
métropoles.

Quand l'opportunité de l'action le permettra, l'Allemagne,
aidée par la Russie, achèvera de soumettre et d'incorporer
successivement à son empire le Danemark, la Suède et la

Norwège, pays habités par des populations descendant de la même race.

Pour pouvoir rétablir l'équilibre toujours chancelant en Europe, les armées allemande et russe, unies ou séparées, attaqueront l'Autriche dans le but de la détruire complétement. Toutes ses populations appartenant à la race allemande, y compris les Hongrois, passeront sous la domination de l'Allemagne ; celles d'origine slave, ainsi que la population roumaine, seront soumises à la Russie ; tandis que l'on cédera à l'Italie toutes les régions habitées par des populations d'origine latine.

On aura bientôt gagné l'Angleterre en cajolant sa politique matérialiste, et en lui permettant de s'emparer de l'Egypte. L'intérêt de cette nation n'a jamais été, n'est et ne sera nullement porté exclusivement en Europe. Ses vues sont constamment dirigées vers le grand Orient, et si, pour le moment, on ne lui dispute pas cette domination, elle fermera les yeux à la réorganisation opérée en Europe et ne s'opposera que faiblement à la destruction de l'empire turc. De plus, le gouvernement anglais, pressé par les sentiments humains et libéraux de sa nation, devra, en fin de compte, plier les genoux devant sa volonté souveraine, laissant s'opérer la grande révolution politique et territoriale, entreprise par les plus nouveaux, les plus forts et les plus grands peuples de l'Europe.

Agissant avec prudence, choisissant toujours les moments opportuns et, à l'occurence, ne reculant devant aucun obstacle, les trois grandes races de l'Europe pourront aisément réaliser l'ensemble de ce plan, tout au plus vers la fin de ce siècle. Dans le siècle suivant, au lieu d'avoir en Europe une bigarrure d'un si grand nombre de petits et de grands Etats cause unique des troubles et, conséquemment, des malheurs endurés par les peuples, et obstacle continuel au développement du progrès et de la vraie civilisation, on aura trois grands et forts Etats : l'*Etat allemand,* l'*Etat slave* et l'*Etat latin*, qui, par un commun accord, garantiront pour longtemps la paix générale et le véritable bien-être des populations dont ils se composeront.

An 1874.

LA QUESTION DES RACES

LEUR AFFIRMATION EN EUROPE

INTRODUCTION

Par suite des grands événements qui bientôt bouleverseront de fond en comble tout son état présent, la vieille Europe se trouve en face d'une transformation radicale, d'une révolution politique et territoriale *sui generis*, inévitable, à la suite de laquelle toutes les nations qui la composent seront nécessairement soumises à une toute autre organisation politique, plus en harmonie avec les exigences du siècle dans lequel nous allons bientôt entrer.

Dans tout le cours de l'histoire du genre humain on ne découvre pas une période de transition et d'attente plus importante que celle que presque tous les peuples traversent actuellement.

A la tête de cet ouvrage, nous publions un document de la plus haute importance pour toutes les nations, sans distinction aucune, concernant la réorganisation politique des Etats de l'Europe.

Au premier abord, ce document semblera un peu bizarre, et, pour toutes les vues bornées, qui ne peuvent pas se porter au-delà du point de dérivation, il est encore une illusion, voire même une chimère, tandis que, aujourd'hui, d'après tout ce qui se passe sous nos yeux, on devrait se convaincre enfin, que c'est presque un fait accompli, ou, si l'on veut, un plan arrêté et sanctionné encore depuis longtemps, cultivé avec grand soin et poursuivi avec persévérance à travers les siècles. Ce plan ne peut plus tarder à se réaliser dans ce siècle même d'une manière tranchante et définitive, à la grande stupéfaction de tout le monde et particulièrement de tous les petits esprits.

Tous les hommes d'Etat de la latinité devraient s'intéresser aujourd'hui, plus que jamais, à cette grande vérité politique, à cet événement sans pareil dans l'histoire des peuples, vu que son accomplissement définitif menacera de près, dans ses suites lointaines, l'existence même de la race latine tout entière.

Ce grand événement politique doit être considéré à notre époque, avant tout, comme un *coup de race* inévitable, destiné à produire un changement général, impérieux, dans le monde, auquel nul Etat, nulle nation ne pourra se soustraire. Aujourd'hui, et dans les conditions actuelles de l'Europe, c'est la force des choses seule qui s'impose et qui commande aux peuples peu soucieux de leur avenir, de se soumettre à leur destinée, et quand cette force agit, la prétendue raison, le prétexte favori des faibles et des incapables, doit se taire et accepter, bon gré mal gré, ses sévères et irrévocables décrets.

Dans des circonstances si extraordinaires, tout raisonnement serait donc tardif et superflu, et, comme tel, simplement foulé aux pieds ; l'unique raison d'Etat, l'*ultima ratio,* pendant la solution de ces grandes questions politiques, qui visent à la transformation du monde, étant, comme de coutume, la *force brutale.*

Pour pouvoir découvrir et connaître à fond les causes générales qui ont engendré la situation actuelle de l'Europe, pour pouvoir aussi se rendre un compte plus exact de leurs effets immédiats dans l'avenir, il faut généralement nous habituer à considérer avec impartialité les événements en eux-mêmes et dans leur suite naturelle. Ces causes étant multiples et très variées, il faut juger encore la situation et le sort des peuples sous plusieurs points de vue y correspondant et ayant rapport à l'ordre d'idées supérieures, d'après lesquelles doit se résoudre le grand problème de l'avenir de l'Europe.

Embrassant donc d'un coup d'œil général les événements qui se succèdent, et partant d'un point de vue purement philosophique, nous sommes forcés d'admettre en principe, qu'au-dessus des lois et des actions dictées par l'esprit faible et imparfait de l'homme, il existe encore une autre loi supérieure, qui régit tout l'univers. En vertu de cette loi, quoi qu'on fasse, il paraît qu'il n'est pas donné à l'homme de retarder ni d'accélérer à sa guise la marche du temps et des événements. Cette loi générale a ses principes, sa logique, ses règles à elle, et tout homme politique, dépourvu des préceptes de la grande science, qui seuls peuvent l'édifier et l'éclairer sur cette vérité, trouvera pour s'illuminer, dans la philosophie même, sa raison d'être.

Conformément donc à cette grande loi, il paraît que l'ordre moral dans l'univers doit être régi par la même loi que l'ordre physique, que, par conséquent, comme toutes les particules homogènes d'un corps tendent toujours à se res-

serrer, à s'unifier, pour constituer ce qu'on appelle sa *compacité*, de même, tous les êtres de la création cherchent à s'incorporer à la classe, à l'espèce, au genre dont ils font partie. L'existence, dans un même corps, d'éléments hétérogènes, d'êtres diamétralement opposés, quant à leur origine, ne tarderait pas à y produire un trouble, une révolution et à déterminer ainsi sa complète destruction.

C'est la loi physique générale qui régit tout l'univers.

Ce qui se passe dans le monde physique doit nécessairement se reproduire dans le monde moral, et l'histoire du genre humain est là pour nous prouver, par mille exemples, que, de tous temps, les hommes ont cherché à se rallier autour de leur tronc originaire et à former ainsi différents peuples et différentes nations ayant la même origine, les mêmes mœurs et tendant au même but.

Ce fait, une fois constaté, il faut admettre aussi, comme conséquence immédiate, que tout effort contre cette loi générale est nul ou tout au plus d'un effet éphémère.

Pour mieux nous convaincre de tout ce qui précède, il suffit de faire appel au passé, et de nous demander quel a été le sort des Etats de l'antiquité, du moyen-âge et des temps modernes, qui se composaient de nations d'origine différente.

Les faits nous répondent, que tous indistinctement ont dû subir la même destinée : *leur démembrement, leur destruction complète.*

Que sont devenues ces *deux mille souverainetés* qui existaient au xvi⁰ siècle en Europe?

Toutes ont péri, de sorte qu'aujourd'hui, dans toute l'Europe, nous ne voyons plus que *dix-huit* Etats.

Quelle est de nos jours l'existence de pareils Etats? — On voit bien qu'elle est chancelante et qu'elle menace ruine tous les jours, et cela parce que leurs peuples s'efforcent de secouer le joug d'une domination étrangère, anormale et à se rallier à la métropole à laquelle ils appartiennent par leur origine.

L'Empire turc et l'Empire austro-hongrois nous en offrent des exemples assez palpables. De tous les côtés et presque tous les jours ces deux Empires reçoivent des coups mortels, et leur démembrement est depuis longtemps arrêté. De ce double écroulement devra inévitablement résulter la formation de deux grands nouveaux Etats homogènes, et par conséquent, des plus forts et des plus redoutables qui aient pu exister jamais, à savoir : le *grand Etat slave* et le *grand Etat allemand.*

Tenter maintenant d'empêcher ce développement déjà trop avancé, cette grande révolution de race, toute prête à s'accomplir, serait non-seulement un effort sans résultat positif, mais encore une folie qui, après l'échec, tomberait nécessairement dans le domaine du ridicule.

Aujourd'hui, le grand problème politique en Europe consiste donc dans la lutte pour l'affirmation de ses races et la prédominance entre elles, et l'avenir ne peut appartenir qu'à celles, bien entendu, qui sont le mieux préparées et le mieux constituées pour aller au-devant de ce grand événement.

Le progrès, le développement, le perfectionnement humain, l'amélioration des conditions morales, intellectuelles et matérielles des sociétés, ou, pour mieux nous exprimer, les révolutions sociales, en général, doivent s'arrêter devant une aussi grande révolution politique, afin que les peuples de l'Europe puissent se préparer à donner, le sabre à la main, la solution nécessaire, définitive, à une question non encore vidée et qui ne tardera pas à jeter de nouveau l'humanité dans des troubles peut-être sans précédents.

La question de l'unification des races demande donc impérieusement d'être résolue dans notre siècle même par une révolution générale, après laquelle seulement il nous sera permis d'aspirer à une paix plus durable.

Le *statu quo* politique de l'Europe, jugé anormal, est devenu impossible. Donc, nouvelle action et nouvelle réaction, nouvelles révolutions, bouleversements continuels jusqu'à la perfection absolue, jusqu'à l'infini, jusqu'à la fin du monde.

Voilà la destinée, le but final de l'humanité.

La loi est : POINT DE REPOS!

Si nous remontons un moment aux époques des révolutions morales et religieuses, nous ne tardons pas à découvrir à leur source la même puissance cachée, qui paraît maîtriser la marche du temps et imposer des lois générales, supérieures, à la suite desquelles les événements paraissent être soumis, dans le cours des siècles, presque aux mêmes règles, qui leur impriment, en quelque sorte, un véritable cachet de conséquence et de logique transcendante.

Ainsi, nous voyons qu'après la révolution morale produite par la Réforme de Luther, la religion des peuples s'est à peu près dessinée selon les trois principales races qui prédominent actuellement en Europe : la religion catholique a embrassé presque tous les peuples romains, la religion protestante les peuples teutons, et la religion orthodoxe les peuples slaves.

Il paraît maintenant qu'après la révolution morale doit nécessairement suivre la révolution politique ou celle des races, calquée sur la même division et suivie, comme conséquence naturelle, de la révolution ethnographique ou de celle de territoire.

Le degré du développement déjà trop avancé de la race allemande et de la race slave, constitue aujourd'hui un fait politique dont l'existence est plus qu'évidente et qui devrait réveiller, enfin, sur toute la ligne la race latine, ainsi que tous les autres Etats de l'Europe.

Ces deux races travaillent sans cesse, se dessinent, s'étendent, s'affirment et se fortifient de plus en plus pour arriver à pouvoir changer, d'une manière radicale, la situation de la vieille Europe et pour imprimer à sa carte une toute autre organisation.

Le système admirablement conçu qui préside à cette action a fait que cette grande œuvre est presque terminée, et bientôt peut-être aurons-nous l'occasion d'assister à son accomplissement définitif.

En présence de ces grands événements, qui dans peu se dérouleront sous nos yeux, quelle sera l'attitude des peuples latins? Quelle force pourra être opposée à ces deux formidables colosses, celui du Nord et celui du Midi?

Tous les yeux se portent naturellement vers les nations latines. Malheureusement, et à contre-cœur, nous sommes forcés de rappeler à la race latine le seul mot que Frédéric Barberousse lui adressa jadis : « Fuit ! »

Et, en vérité, si nous envisageons les nations latines d'un coup d'œil général, nous nous heurtons à la triste réalité qui nous dévoile les choses telles qu'elles sont, et qui nous montre qu'actuellement , un désarroi complet domine dans toute la grande famille latine; que, considérées séparément, l'Italie, quoique nouvellement unifiée, ne pourrait plus prétendre à représenter le berceau de l'antique force romaine, de cette force morale et matérielle, qui jadis a réduit presque toute l'humanité à sa merci; que l'Espagne, quoique nation assez valeureuse, joue aujourd'hui, comme puissance européenne, un rôle d'une importance secondaire; que la France, avec la plus belle histoire des nations modernes, et portant sur son front la triple couronne de l'art, de la littérature et de la science, malgré son prestige de première nation, seule, sans appui, et combattue indirectement par ses sœurs mêmes, est loin de pouvoir constituer une force capable pour tenir en respect et arrêter dans leur marche rapide les colosses qui avancent à la conquête du monde.

Cette triste situation, sous tous les points de vue, ne doit plus être tolérée. Tous les peuples latins devraient enfin finir par se reconnaître, par resserrer leurs lignes, par suspendre et oublier, une fois pour toutes, les dissensions qui les séparent et qui constituent la vraie force de leurs ennemis, aujourd'hui surtout qu'un danger réel est à leur porte , car une véritable marée de peuples nouveaux est sur le point de les envahir, peuples dont la civilisation repose sur de grands et sains principes, et qui ont déjà gagné sur la latinité en général une supériorité morale indiscutable, doublée encore de la supériorité matérielle, résultant de celle du chiffre ou des grandes masses de leurs populations unifiées.

Les peuples latins auraient pu occuper aujourd'hui encore la première place dans le concert politique de l'Europe, mais, à défaut d'un système politique sage et prévoyant, précisant et assurant leur avenir, il semble qu'ils soient relégués au dernier plan et réduits désormais au rôle passif de simples spectateurs, sinon de victimes.

En pénétrant encore un peu dans l'histoire des trois races prédominantes en Europe, nous ne tarderons pas à voir que, si l'autorité de la race latine a tant baissé, cela provient uniquement de sa politique complétement dépourvue d'*unité d'action et de but déterminé,* tandis que l'autorité des races allemande et slave s'est, au contraire, fortifiée et augmentée par suite de leur *grande politique unificatrice, persévérante, prévoyante et prudente tout à la fois.*

Conséquemment, et considérant que cette cause générale est à son tour une suite nécessaire d'autres circonstances qui l'ont précédée, des événements dont les siècles passés sont assez *gros,* comme dit Leibnitz, nous voyons devant nous, comme résultat indiscutable, la race latine morcelée, chacune de ses nations agissant dans un but différent, et menacée dans son avenir par le rapide développement moral, matériel et intellectuel des deux autres grandes races compactes, qui se disputent actuellement la prédominance eu Europe.

Après sa triple domination universelle, au temps des Romains, au temps de Charlemagne et au temps de Bonaparte, la race latine semble aujourd'hui avoir totalement abdiqué l'aspiration et la gloire de se trouver à la tête de toutes les nations du monde, pour se vouer exclusivement à son développement matériel, qu'elle a, en vérité, déjà porté au plus haut degré possible. Mais l'examen consciencieux de l'histoire nous démontre jusqu'à l'évidence que le développement matériel seul, sans le développement moral porté au même degré, est un signe positif de la décadence d'un peuple, comme la décadence d'un peuple est, à son tour, le signe du développement des autres.

Aujourd'hui, pour qu'une nation puisse se préparer un avenir sûr et avoir la supériorité dans la guerre, la supériorité seule du chiffre ne suffit plus ; il faut absolument qu'elle possède, à un degré de développement très avancé, la supériorité dans toutes les branches de l'activité humaine, car la victoire, d'après Prudhon, ce profond philosophe, est la manifestation de cette même supériorité latente en temps de paix.

La supériorité future, la victoire, revient donc aux nations qui se sont sérieusement occupées de leur développement moral et matériel, tout à la fois, et qui depuis des siècles ont eu pour but unique de réaliser cette grande idée politique : *Unification de la race, concentration de la force et, par conséquent, supériorité absolue.*

Or, cette supériorité n'existe plus assurément chez la race latine; on la découvre malheureusement ailleurs, et c'est pourquoi son prestige a baissé et sa situation devient de jour en jour plus dangereuse.

N'est-ce pas un avenir assez compliqué qui vous attend, peuples latins? Ne sentez-vous pas encore cette lugubre situation qui vous menace, et ne serait-ce point un décret fatal qui vous empêche de la comprendre et selon lequel d'autres peuples plus nouveaux, mais censés plus forts, sont destinés à achever par la force brutale même votre décadence, et conséquemment votre extermination d'entre les peuples vivants, ainsi qu'il advint à ce grand peuple romain, votre aïeul, qui dans l'antiquité, dictait la loi à tout le monde alors connu, et dont la rare splendeur n'existe plus sur la terre, depuis bien longtemps, que dans les livres de ses savants et dans les chants de ses poètes.

Prenez garde, nous vous le répétons, réveillez-vous et, en jetant un regard scrutateur sur ce qui se passe autour de vous, vous ne tarderez pas à reconnaître le danger réel qui plane déjà sur vos têtes!

Le temps est court, et par conséquent précieux. Les peuples latins doivent enfin reconnaître leurs erreurs passées, leurs défauts *ab antiquo*, leur véritable situation présente, et s'ils ne veulent pas devenir les tributaires de leurs ennemis déclarés depuis des siècles, ils doivent aussi absolument changer de terrain politique, et, se conformant en tout aux exigences de l'époque présente, choisir avec grande perspicacité leurs véritables grands hommes, leurs capitaines illustres, capables de conduire leur vaisseau, avec sûreté, au milieu de la tempête qui avance à pas de géant, qui éclatera bientôt et qu'ils auront à traverser infailliblement.

LA RUSSIE

ET

LE GRAND ÉTAT SLAVE

Cette grande et puissante Russie de nos jours n'était, au temps de Rurik, qu'un faible et petit duché sans aucune importance politique en Europe.

Aussi les aspirations d'avenir de la nation russe demeurèrent nulles jusqu'à l'avènement au trône de Pierre le Grand, avec qui elle commença à peine à se reconnaître, à se dessiner et à affirmer d'une manière plus positive sa politique lointaine. C'est donc ce grand homme d'Etat qui, le premier, ouvrit l'ère de sa véritable prospérité et lui signifia le rôle qu'elle était appelée à jouer dans le monde.

L'impulsion donnée, les gouvernants russes se mirent sérieusement à l'œuvre, en attirant auprès d'eux des célébrités dans toutes les branches de l'activité humaine, en améliorant la situation matérielle de leur pays, en relevant, plus ou moins, l'état moral de leurs peuples et en étendant, par des conquêtes progressives, leur territoire en Europe et en Asie.

Tout en s'emparant d'une grande idée de race, le but principal de la politique russe en Orient a toujours été de gagner les sympathies de toutes les populations chrétiennes répandues dans cette partie de l'Europe, pour se préparer ainsi, peu à peu, le terrain de grandes conquêtes qu'elle s'est proposé de realiser. Ces conquêtes l'amèneront un jour à traduire en fait accompli la grande œuvre à laquelle elle travaille depuis si longtemps, consistant dans la réunion, autour de son étendard, de toutes les populations de sa race et dans la constitution du *grand Etat slave*, rêvé et préparé par Pierre et soigneusement développé par tous ses successeurs.

Le testament de Pierre, loin d'être une chimère, existe donc réellement; nous en avons eu maintes fois des preuves éclatantes, et, à l'heure qu'il est, il n'y a plus aucun doute que la moitié en est déjà accompli. Pierre visait en effet très loin : il voulait que sa nation réalisât la monarchie universelle ; mais, l'état délabré, démantelé de la nation allemande, l'empêchait de prévoir qu'un jour elle se relèverait de ses cendres et finirait par constituer un empire puissant, qui aurait, seul, la prédominance en Europe.

Pour le moment, la Russie n'aspire plus à exécuter à la lettre le testament de Pierre ; tous ses efforts se bornent à réunir, peu à peu, les populations slaves sous une seule direction, à constituer son grand Etat et à partager avec l'Allemagne la domination du monde.

Mais, comme toutes les grandes entreprises ne peuvent atteindre leur véritable but, que si elles sont conduites systématiquement, ces deux Etats ne précipitent pas l'action qui, au fond, leur est commune. Ils se contentent chaque jour, chaque année, de réaliser quelque chose, en préparant ainsi progressivement les rouages indispensables destinés à mettre à exécution leur œuvre colossale.

Ainsi, nous avons vu que la Russie, tout en s'organisant à

l'intérieur, n'a jamais cessé de demander au gouvernement turc, au nom de la civilisation moderne, l'amélioration du sort des populations chrétiennes ; faute de s'exécuter, elle lui a fait maintes fois la guerre, affranchissant ces populations, assurant leur autonomie intérieure et constituant ensuite des provinces indépendantes qui, après avoir formé une confédération orientale, devront passer définitivement, et à un moment donné, sous sa domination entière.

Quand on établira une comparaison entre la situation de l'Orient d'il y a cinquante ans et sa situation actuelle, on se convaincra facilement de l'immense progrès que la politique russe a réalisé de ce côté, surtout dans ces derniers temps. La domination turque s'étendait alors jusqu'aux Carpathes ; des provinces telles que la Moldavie, la Valachie, la Serbie, le Monténégro, la Bulgarie et la plus grande partie de la Grèce, qui, toutes, forment aujourd'hui des Etats autonomes et indépendants, n'étaient guère connues en Europe que sous la dénomination de provinces turques. Il faut donc reconnaître que l'état politique actuel de toutes ces provinces n'est autre qu'un résultat dû exclusivement aux grands efforts de la politique dirigée avec tant de tact et de perspicacité par le cabinet russe.

Une pareille politique, si active et si vigilante, ne peut que progresser et atteindre avec certitude le but pour lequel elle n'a épargné, n'épargne et n'épargnera jamais aucun sacrifice. Arrivée à ce résultat, l'œuvre ne doit pas s'arrêter, s'endormir ; elle doit avancer, et elle avance véritablement avec la rapidité de la foudre, car, tout ce qui est chrétien devra forcément être émancipé du joug barbare.

La Russie n'a donc poursuivi que ce seul et unique but dans toutes ses guerres contre les Turcs, et à la fin de chaque expédition, on a vu des résultats réels et incontestables. La dernière guerre d'Orient a enfin, plus que toute autre, tranché dans le vif cette question, en obtenant l'affranchissement de la plus grande partie des populations chrétiennes, l'affermissement des petits Etats existants et la constitution de la Bulgarie.

L'œuvre ne sera complète qu'après la destruction définitive de l'empire turc, à laquelle la Russie pense beaucoup, travaille continuellement et qu'elle ne peut plus tarder à réaliser peut-être dans ce siècle même.

Voyons, maintenant, quel sera, dans l'avenir, le rôle politique réservé à toutes ces nouvelles principautés.

En thèse générale, il faut tenir compte que la plus grande partie de ces populations est d'origine pure slave ; comme telles, elles ne peuvent, en principe, que se réjouir du progrès et de l'extension de leur race en Orient, en soutenant de toutes leurs forces la politique à laquelle elles doivent leur existence et dont le but n'est autre que d'assurer de plus en plus leur avenir.

Peu importe que les principautés slaves, comme la Serbie, la Bulgarie, le Monténégro et autres, restent indépendantes ou fassent partie intégrante du grand Etat slave, vu qu'entre les aspirations du tout et celles des particules y adhérentes il n'y a aucune différence établie. Indépendantes ou sujettes, elles doivent suivre la même ligne de conduite que celle imprimée par la direction générale, avec cette différence seule, qu'indépendantes, elles joueront le rôle d'instruments de la politique slave générale en Orient, et, sujettes, elles affirmeront à jamais l'œuvre complète, résultat immédiat de cette même politique.

Donc, il est plus qu'évident que, de la part des principautés slaves, il n'y aura jamais opposition aux vues et aux tendances du cabinet russe en Orient, et, s'il y en avait, elle ne pourrait être qu'éphémère, nulle et de nul effet, attendu qu'elle ne serait ni conséquente, ni naturelle.

Toutes les précautions que la Russie pourrait donc prendre, seraient incontestablement dirigées contre deux peuples de l'Orient qui, bien que pratiquant la même religion que les populations slaves, ne sont pas de la même origine.

Ces peuples, sur l'existence politique desquels nous voudrions attirer l'attention spéciale de l'Europe et particulièrement des nations latines, sont les peuples grec et roumain.

De toutes les puissances directement intéressées à la marche des événements en Orient, aucune n'a su, mieux que la Russie, s'y préparer un terrain plus avantageux et s'assurer une plus grande influence sur ces peuples.

Ainsi, sans avoir la conscience du fait même, et se croyant sur la bonne et véritable voie, les Grecs, depuis leur émancipation, ont été dirigés par la fine diplomatie du cabinet de Saint-Pétersbourg, agissant toujours dans les vues et dans l'intérêt de sa politique et, par conséquent, contre leur propre avenir.

La Grèce, à toutes les époques exceptionnelles et graves, a manqué de grands hommes politiques; conséquemment, les grandes idées, qui visent à un avenir lointain, lui ont toujours fait défaut.

Hors de la Grèce proprement dite, un grand nombre de Grecs habitant la Turquie, et y occupant pour la plupart les hautes positions, loin de travailler à s'en assurer à jamais le pouvoir, ont fait, au contraire, tout leur possible pour en accélérer la dissolution. Ils ont cru, de cette manière, arriver plus rapidement à leur entière délivrance et faciliter ainsi la constitution d'une grande Grèce indépendante, sans tenir compte, toutefois, du territoire insignifiant qu'ils possèdent et de leur petit nombre, qui ne pourraient jamais suffire à former un Etat assez puissant pour garantir son existence. Pareille chose arrive à tous les petits peuples : les grandes promesses les éblouissent facilement et leur font manquer inévitablement leur destinée.

C'est ainsi que les Grecs, en général, ont perdu à jamais le droit de succéder à la Turquie et la gloire d'arborer sur Sainte-Sophie le drapeau de la chrétienté.

Si donc les Grecs ont perdu la Turquie pour avoir une petite Grèce indépendante, comment pourront-ils défendre son existence, tout aussi menacée dans l'avenir que celle de toutes les autres provinces de l'Orient? Par l'armée, cela va sans dire; car à la force il faut nécessairement opposer la force.

Mais, pour avoir une grande force armée, ne faut-il pas absolument posséder l'élément indispensable qui la produit, c'est-à-dire ces grandes masses de populations où se recrutent les soldats et sans lesquelles il ne peut être question de puissance militaire respectable?

Or, cet élément nécessaire, cette couche sociale sur laquelle repose l'existence d'un Etat, manque presque totalement en Grèce. Le travail de la terre y est presque dédaigné, et le paysan proprement dit n'existe pas. Le Grec est surtout négociant ou marin et, en cette double qualité, on le rencontre dans presque tous les ports et dans presque toutes les capitales, où, en vertu de sa capacité commerciale native, pour ainsi dire, il sait s'assurer partout la fortune.

Aujourd'hui, bien que la Grèce ait une marine assez florissante et une petite armée de terre qui, maintes fois, a donné des preuves éclatantes de bravoure et d'abnégation dans sa résistance contre l'oppression turque, il lui est cependant impossible de constituer une puissance assez forte pour tenir tête à un ennemi mille fois supérieur.

La situation serait tout autre, si les Grecs de la Turquie avaient cherché à s'incorporer dans l'âme même de cet empire et s'ils avaient fait tout leur possible pour s'en conserver les hautes positions et surtout celles de son armée. Aujourd'hui, la Turquie serait entre leurs mains et constituerait une des plus fortes puissances de l'Europe orientale, qui garantirait aussi à jamais l'existence de la Grèce. La Turquie, abandonnée à elle-même, a conservé à l'intérieur sa politique barbare, et, faute d'avoir fait face aux exigences de la civilisation moderne, toute l'Europe s'est déclarée contre son administration et, par conséquent, contre son existence même.

Par ces raisons, la Grèce est donc restée seule, faible et sans aucun appui devant le bon plaisir de la Russie. Cette grande puissance cherche à la posséder à tout prix, à cause de sa position maritime et de sa marine, dont elle a un incontestable besoin. Aujourd'hui, elle est enfermée derrière les Dardanelles ; elle les dépassera demain et, une fois en possession de la Grèce, la voilà d'un seul coup au milieu de la Méditerranée.

Quelle sera alors la situation de l'Europe en face du colosse russe ? . . . . .

Dans la fertile vallée du Danube, il existe encore un peuple valide, que l'Europe en général et les nations latines en particulier, connaissent à peine.

Ce peuple, transplanté dans ces contrées par l'empereur Trajan, compte en tout un peu plus de dix millions d'âmes d'origine romaine pure. Posté le long du Danube, il a été longtemps méconnu par ses sœurs les nations latines et, entouré de trois grandes puissances, la Russie, l'Autriche et la Turquie, après des luttes désespérées pour la conservation de son intégrité, il a dû assister, les bras croisés, à son morcellement, à l'annexion d'une grande partie de son patrimoine à l'Autriche et d'une autre partie non moins importante à la Russie.

Cependant, et en dépit de toutes les persécutions dirigées contre lui, ce peuple a pu conserver indépendante une portion de son territoire connue sous le nom de Roumanie et habitée par plus de cinq millions d'âmes.

En consultant l'histoire du moyen âge, notre attention se fixe forcément sur l'une des époques les plus importantes dans la vie des peuples, celle où l'Islamisme apparaît pour la première fois à l'horizon de l'Europe. Sous le coup de ce torrent, tous les peuples tremblent pour leur indépendance et leur nationalité ; des provinces telles que la Macédoine, l'Albanie, l'Illyrie, la Serbie, la Bulgarie, la Crimée, sont indistinctement soumises à la domination turque ; la ville de Constantin, la nouvelle Rome, devient la capitale des Sultans ; la Grèce tombe victime des Osmanlis, qui continuent à avancer vers l'Occident en pénétrant jusqu'en Hongrie ; seuls, les Roumains, de concert avec les Polonais, résistent vigoureusement, formant là une barrière presque infranchissable à l'envahissement des Barbares.

On connaît peu, en Europe, les longues luttes désespérées de *Valea Alba,* de *Targoveste,* de *Suceava,* de *Calugareni,* etc., bien que ces luttes aient assurément la même valeur militaire que celles de Platée, de Marathon, des Thermopyles et d'Athènes. Surtout il faut se rendre bien compte de la grande importance non seulement militaire, mais aussi politique, qu'ont eue les batailles de *Calugareni* et de *Rovine,* car c'est là, véritablement, que les hordes musulmanes ont trouvé leur tombeau, et ont oublié pour longtemps, nous pouvons dire à jamais, la route de l'Occident.

Vous ne savez absolument rien de tout cela, peuples de la latinité, et pourtant ce furent les Roumains et les Polonais qui, à eux seuls, affaiblirent la force de ces Barbares quand elle était encore dans tout son éclat, et ce sont eux qui les ont empêchés aussi d'avancer vers la conquête des Etats de l'Occident.

Il est incontestable qu'un Etat, composé ainsi de dix millions d'hommes de même origine, parlant la même langue, ayant les mêmes mœurs et visant au même but, aurait pu être aujourd'hui un grand obstacle à l'extension du Slavisme en Orient, une forte garantie pour l'existence de l'Autriche et un grand renfort pour l'avenir et le prestige de la race latine.

Vous n'y avez jamais pensé, et c'est pourquoi vous avez tout perdu.

Lisez un peu l'histoire de ce peuple et vous ne tarderez pas à vous convaincre que, s'il n'eût pas existé le long du Danube, s'il n'eût pas versé des torrents de sang pour empêcher les Barbares d'avancer en Europe, ceux-ci seraient aujourd'hui à Vienne et peut-être plus loin encore.

Et quelle en est sa récompense ? Un abandon complet, le morcellement de son territoire et la réduction de son ancien Etat en une province de cinq millions d'habitants, désormais tout à fait impuissants de lutter contre le déluge slavon.

Les Roumains ont fait leur devoir. Ils ont assez lutté, ils ont assez souffert et ils ont assez attendu la reconstitution de leur ancien Etat ; mais en vain. Ils ont été complétement oubliés, et jamais on ne leur a donné l'importance qu'ils auraient dû avoir, non seulement pour le salut des Etats latins, mais aussi pour celui de tous les autres Etats ayant le même intérêt.

Le grand Trajan, père de la nation roumaine, a fait un acte de profonde prudence et de haute prévoyance politique en lui faisant occuper ces contrées orientales.

Pourquoi n'avez-vous pas eu la même prudence et la même prévoyance que lui, ô grands capitaines de la latinité moderne?

Lors de la dernière guerre russo-turque, cette nation, après avoir invoqué le maintien du traité de Paris, fut tout simplement livrée à ses propres forces et à ses propres lumières, et, emportée par le courant politique russe qui prédominait dans toute l'Europe, elle dut porter les armes contre la Turquie, pour aider à sa destruction, accomplissant ainsi un acte en complète opposition avec ses vrais intérêts.

Les Etats latins, l'Autriche, la Turquie et l'Angleterre, en abandonnant ainsi la Roumanie, ont méconnu son importance réelle en Orient. Par ce fait unique, tous ces Etats ont fait, encore une fois, preuve d'un manque absolu de système sérieux réglant leur politique en Orient, et ont accéléré de cette manière leur propre perte.

Récapitulons :

Nous avons vu que, étant donné la communauté d'idées et d'aspirations qui guide toute la race slavonne en général, les populations slaves ne peuvent et ne doivent jamais combattre l'action russe en Orient; nous avons vu également dans quelle déplorable situation se trouvent les Roumains et les Grecs en présence des événements dont il s'agit, situation qui ne leur permet pas de bouger et de prendre une attitude, soit offensive soit défensive, contre la Russie.

Que reste-t-il encore en face du colosse russe ?

Une Turquie faible et réduite à la plus simple expression politique, qui assurément ne pourra jamais lui tenir tête, d'autant plus qu'aucune puissance civilisée ne pourrait désormais prendre fait et cause pour l'existence d'un État réputé barbare encore au xix⁰ siècle. Il est donc évident que la Russie a le champ tout à fait libre en Orient, et qu'il lui suffira d'agir une dernière fois pour établir d'une manière définitive son grand Etat.

Voilà comment doit se résoudre cette importante question de l'Orient, agitée depuis plus de quatre siècles, et qui, dans quelques années, disparaîtra complètement du vocabulaire politique de l'Europe.

Mais la Russie, maîtresse du soi-disant Orient slave, a, seule aussi, la perspective de devenir la maîtresse absolue de Constantinople, point de mire principal de sa politique orientale, et d'avancer ensuite, à pas de géant, vers la conquête du grand Orient. Cela s'explique très facilement, car, une fois en possession de Constantinople, personne ne pourra plus l'empêcher de s'étendre au‑delà et de remplacer les Turcs dans l'Asie-Mineure même, dont elle tient déjà un bout par le Caucase et veut absolument posséder aussi l'autre par les Dardanelles.

Mais nous savons que la conquête de l'Asie-Mineure donne comme conséquence inévitable la conquête de l'Egypte. Ce pays, depuis son asservissement par les Perses, n'a jamais eu d'indépendance propre, mais a toujours partagé le sort de l'Asie-Mineure. Il est donc incontestable que, dans l'avenir, il devra nécessairement subir la même conquête qui s'étendra sur la plus grande partie de l'Orient.

La dernière guerre russo-turque nous a donné une preuve de plus, qu'aujourd'hui la Russie, par suite de ses progrès éco-

3

nomiques et de la construction de ses chemins de fer, est matériellement plus forte que jamais. Conséquemment, elle sera toujours en état de jeter en Orient les grandes armées dont elle aura besoin pour une action définitive, de sorte que la conquête de Constantinople, le point de départ, la clé de ses conquêtes ultérieures, deviendra désormais pour elle une tâche très facile à remplir.

D'un autre côté, la Russie, sûre du concours de l'Allemagne, n'a plus à redouter d'opposition de la part des puissances occidentales. Tous les autres Etats de l'Europe sans distinction, peut-être faute de pouvoir faire autrement, restent tranquilles, laissent faire et consentent au démembrement de l'empire ottoman au profit des peuples chrétiens. Cette belle et généreuse idée sourit particulièrement à la diplomatie russe, qui sait tirer parti de toutes les situations, en ayant l'air de contenter en même temps tout le monde.

Et que sont, du reste, pour la plupart, ces peuples : Serbes, Bulgares, Monténégrins, Bosniaques, Herzégoviniens, Albanais, etc., sinon des peuples appartenant à la grande famille slave et qui ne désirent qu'à voir leur race de plus en plus affirmée et étendue ?

Le terrain est donc admirablement préparé en Orient. La Russie a à sa disposition tous les facteurs nécessaires pour une dernière et définitive action, et, vu la situation morale et politique de tous les Etats de l'Europe occidentale — l'Allemagne exceptée — qui, jusqu'à présent, ont donné maintes preuves du peu d'intérêt qu'ils portent à ces événements si importants, elle n'a plus rien à craindre, si ce n'est sa propre inaction, chose dont, jusqu'à ce jour, elle n'a pas donné d'exemple.

D'après ce qui précède, qu'il nous soit enfin permis de conclure, en toute certitude, que l'Etat slave, tel que nous l'avons conçu, est aujourd'hui une incontestable réalité, un corps qui déjà s'anime, qui déjà vit et qui se dressera bientôt comme un géant devant l'Europe et l'humanité entière.

L'ALLEMAGNE

ET

LE GRAND ÉTAT TEUTON

La nation allemande est la seule qui, malgré sa division *ab antiquo* et ses nombreuses défaites, se soit sans cesse fortifiée, marchant droit vers son but, indomptable toujours, toujours aussi mettant à profit jusqu'à ses revers.

Si, dans le malheur, elle n'a point perdu de vue ce but, que sera l'*Allemagne complétement unifiée* en face des autres États de l'Europe ?

Telle est la question que nous allons traiter ici, essayant de lui donner la solution logique qu'elle comporte.

La formation de l'Empire allemand constitue, après les événements d'Orient, le plus grand fait politique actuel. A l'exception de la Russie, tous les autres États de l'Europe devraient avoir leur attention exclusivement fixée sur ce fait, d'autant plus que la race teutonne avance toujours, se développe d'une manière inattendue, et s'apprête à éblouir le monde par la force et la grandeur dont elle se pare de plus en plus.

Jamais, en effet, on ne vit politique unificatrice plus persévérante et plus concluante. De rien, ou presque rien, qu'elle était hier, l'Allemagne est, aujourd'hui, ce que l'on sait. Ne doit-on pas se préoccuper sérieusement de ce qu'elle sera demain?

Qu'était l'Allemagne, en Europe, vers 1803, c'est-à-dire peu de temps avant le fameux décret de Ratisbonne?

Un composé de 517 Etats, successivement supprimés ou réduits à un très petit nombre et dont les noms ne se retrouvent plus que dans les cadres historiques de cette nation, tous ayant été, en dernier lieu, fondus dans ce grand *Tout* qui s'intitule aujourd'hui triomphalement Empire d'Allemagne.

Cette formation politique, dont nous sommes témoins, n'est assurément pas le produit brusque du hasard; elle est, au contraire, l'œuvre lente d'un plan systématiquement préparé et prudemment poursuivi à travers de nombreux siècles. Les différentes unions partielles, tant politiques que sociales, dont peu de monde se rendait un compte exact, ont eu pour but d'entretenir parmi les Allemands la notion, le principe de l'*union générale*, désormais incarné dans l'esprit de toute leur race. C'est cet esprit même qui les a toujours soutenus en les poussant dans la même voie jusqu'au xviiie siècle, époque à laquelle ils commencent à traduire en fait la grande idée de l'unification de leur race. Non seulement leur politique, mais leur littérature, leur science, leurs arts mêmes, ont été imprégnés du cachet général de leur unité, en sorte que rien n'a été négligé pour développer, fortifier et enraciner de plus en plus ce principe dans toute la grande famille allemande.

Partant de la confédération du Rhin, instituée en 1803 par Napoléon Ier, nous arrivons immédiatement à la confédération germanique, plus forte, formée en 1815.

Plus tard, lorsque les événements l'ont permis, nous avons

vu la Prusse s'emparer des trois duchés de Schleswig, de Holstein et de Lauenbourg, en humiliant l'Autriche pour longtemps, puis du port de Kiel, du royaume de Hanovre, de l'électorat de Hesse, du duché de Nassau, de la ville libre de Francfort, et enfin de l'Alsace et de la Lorraine, en détruisant, par ce dernier acte, tout le prestige dont jouissait la nation française en Europe.

Voilà un châtiment sévère infligé à l'Empire français, pour avoir gardé une neutralité coupable pendant la guerre de 1866, guerre qui aurait dû l'avertir du danger qu'il allait courir lui-même en 1870-71.

Mais les diplomates français d'alors n'admettaient nullement que Sadowa pût avoir un jour, pour leur nation, des conséquences si terribles, que cette guerre fût dirigée plutôt contre la France, et qu'elle constituât comme une avant-garde de sa perdition, achevée quelques années après, par la catastrophe de Sedan.

Après l'humiliation de la France, après la destruction de ce seul obstacle qui entravait et pouvait sérieusement entraver son développement, la Prusse, pour couronner son œuvre, s'est enfin emparée du commandement militaire de toutes les armées germaniques, formant ainsi ce grand Empire de 45 millions d'habitants dont nous venons de parler.

La diplomatie, directement intéressée à ces événements, s'est-elle jamais donné la peine de découvrir la véritable cause qui a déterminé la Russie à garder une attitude si indifférente : en 1866, vis-à-vis de l'Autriche, et en 1870-71, vis-à-vis de la France, ainsi que le motif de la neutralité de l'Allemagne pendant la dernière guerre d'Orient, neutralité qu'elle a su aussi si bien imposer à toutes les autres puissances de l'Europe ?

Non, jamais.

Les causes de ces circonstances politiques si importantes négligées, les conséquences inévitables sont restées tout à fait inconnues.

Voilà où nous constatons la dernière et la plus grande faute, non seulement du cabinet français, mais aussi des cabinets anglais, italien et autrichien, qui, mieux instruits et éclairés sur le but véritable guetté par la Russie et la Prusse, auraient pu, par leur action commune, empêcher, jusqu'à un certain point, l'exécution d'une œuvre si funeste à leurs Etats.

Une grande partie de cette faute retombe principalement sur la politique de Napoléon III. Enivré par ses succès diplomatiques et militaires antérieurs, il a, en effet, trop négligé l'Allemagne, sa voisine, et ne se donnant jamais la peine de suivre de près le développement moral, intellectuel et matériel qui s'opérait sans bruit chez elle, il ne pouvait non plus entrevoir le vrai but auquel tendaient constamment les efforts de la politique extérieure prussienne.

Quand les grands hommes, ou mieux les faux grands hommes, se mêlent d'être bêtes, ils ne le sont jamais à moitié, a dit un éminent écrivain, et cela est vrai.

Mais, dans l'ordre politique, la bêtise coûte l'existence et l'avenir de tout un peuple, de toute une nation, et comme dans le cas présent, *de toute une race.*

Pendant les derniers événements, et pour comble du malheur qui persécute particulièrement les nations latines, l'Italie prit une attitude hostile envers la France, se déclarant en faveur de la Prusse, parce que cette dernière sut protéger son unification contre la Papauté. Mais l'Italie, en gagnant son unité et Rome pour capitale, est pour l'avenir en péril de voir sa race anéantie et de se trouver seule, sans force, sans appui, devant deux forts colosses qui n'épargneront assurément son existence qu'autant que leurs intérêts politiques le leur permettront.

D'un autre côté, l'Angleterre, depuis longtemps rivale de la France, et incapable de manier systématiquement, à l'extérieur, les ressorts d'une grande politique, ne se souciait guère de tout ce qui se passait alors sur le continent et se tenait à l'écart. Nous verrons plus tard ce qu'une pareille indifférence doit avoir pour conséquence.

Sans plus parler des autres puissances, aveuglées et tenues en respect par la grandeur des événements, nous vîmes la France, abandonnée à elle-même, faiblement préparée, et dans l'impuissance de repousser les nombreuses armées germaniques qui envahissaient de tous les côtés son territoire.

Un semblable état de choses, préparé par l'Allemagne elle-même, ne pouvait que la rendre victorieuse.

Voyons maintenant à quels événements subséquents il nous est réservé d'assister dans un très prochain avenir.

Quoique le nouvel Etat allemand soit encore, pour ainsi dire, dans son enfance, quoique financièrement et territorialement il lui reste aussi beaucoup à désirer, il est cependant assez fort et peut-être plus fort qu'on ne le pense pour pouvoir continuer et réaliser définitivement la constitution de son grand Etat.

Laissons de côté, pour le moment, la race latine, qui, gardant sa situation politique actuelle, ne peut prendre aucune mesure contre les tendances russo-allemandes, et mettons l'Allemagne et la Russie vis-à-vis de l'Autriche.

Ce dernier Etat, composé de nations d'origine et d'aspirations diamétralement opposées, est incontestablement tout aussi facile à démembrer que la Turquie. Ses trois voisines ont toujours eu le même intérêt à sa ruine : l'Italie pour le Tyrol et l'Istrie, l'Allemagne pour son extension, et la Russie pour recueillir les Slaves et détruire un obstacle sur la route de Constantinople.

Ce qui augmente le péril, c'est que toutes les populations de cet empire, sauf les Hongrois, les Roumains et les Allemands, s'accommodent à merveille de ce changement. Les ennemis de l'Etat qu'elles composent pour la plus grande partie ne sont, en réalité, que leurs véritables frères, autant par la langue que par la race ; demain on les verra réunis pour combattre sur le même terrain et pour arriver à un but qui, d'ailleurs, leur est tout à fait commun.

Aussi, en Autriche, la race slave est-elle la plus nombreuse ; elle compte presque vingt millions d'âmes et y constitue, par conséquent, la première force importante. Cet Empire pourrait-il donc compter avec sûreté sur l'appui de cette race qui a ses vues politiques constamment dirigées vers sa métropole naturelle, et à laquelle elle semble demander son intervention pour l'affranchir et pour l'incorporer au grand Tout dont elle fait partie par son origine ?

Sauf les Allemands, sur lesquels elle ne peut guère compter, l'Autriche ne possède plus que deux nations qui auraient plus ou moins intérêt à son existence.

Ce sont les nations hongroise et roumaine.

Les Hongrois forment une nation d'environ cinq millions d'âmes. Il est évident que, par leur nombre, ils ne peuvent opposer une résistance sérieuse au déluge dont ils sont également menacés.

Bien que ce peuple ait un passé plus ou moins illustre, ce qui le gâte et ajoute à son impuissance, c'est un orgueil national démesuré, qui, dans les grands événements, lui a fait perdre la tête et l'a toujours fait agir contre ses véritables intérêts.

Les Hongrois, en général, une fois pris par leur fanatisme national, s'enivrent au point de ne plus voir sur toute la terre que des Hongrois. Il est bon de tenir compte de ce fait qui met à jour un trait principal de leur caractère national et qui, en définitive, leur a de tout temps fait le plus grand tort.

Il est vrai que si cette nation était plus nombreuse, elle serait redoutable, et on l'anéantirait difficilement.

Aujourd'hui les Hongrois ont enfin affirmé ouvertement leur origine et n'ont pas tardé à découvrir dans les Turcs contemporains des frères descendants de la même race.

Situés entre deux feux formidables et prévoyant leur extermination par la dislocation inévitable de l'Autriche, où actuellement ils jouent un rôle politique plus ou moins indépendant, ils commencent à s'inquiéter sérieusement de leur avenir et à demander du secours partout et spécialement à la nation turque, elle-même déjà au bord du précipice.

De ce côté donc l'espoir est évidemment nul.

Par leur fanatisme national, ils se sont, en outre, créé, depuis longtemps, des ennemis implacables dans les Roumains cohabitants de l'Autriche, quoique leur sort dans l'avenir doive être absolument le même. Au lieu de faire tout leur possible pour se les gagner, ils se sont efforcés, au contraire, de les anéantir, de les absorber, de les *maghiariser*, pour ainsi dire, comme si l'histoire ne démontrait pas que pareilles fusions ne sont jamais possibles. Le résultat de ces démarches est qu'au lieu de les avoir *maghiarisés*, ils ont aujourd'hui dans leur propre pays des ennemis implacables avec lesquels, demain, ils auront à compter sérieusement.

De toutes ces luttes intestines, il ressort une vérité assez triste pour ces peuples, c'est que ces inimitiés, loin de leur être profitables, servent au contraire à merveille à leurs ennemis communs et facilitent d'une manière inattendue l'exécution de leur grande œuvre qui, ne rencontrant nulle part d'obstacles sérieux, paraît s'accomplir sans de trop grands sacrifices, et pour ainsi dire presque d'elle-même.

Combien est vrai ce proverbe des anciens : *Quos vult perdere Jupiter dementat !*

Qui sauvera donc l'existence de l'Autriche ? — Ce ne seront assurément pas les Slaves.

Seraient-ce alors les Hongrois et les Roumains ?

Mais leur situation actuelle les uns vis-à-vis des autres et la force de résistance qu'ils pourraient représenter, même unis, vu l'état trop avancé des choses, ne préoccupent malheureusement personne.

Quelle conséquence logique et inévitable peut-on donc tirer de toute cette situation politique réelle et incontestable ? — Aucune autre assurément, si ce n'est le démembrement complet de l'Autriche, opéré, tôt ou tard, et en des temps donnés, d'un côté par l'Allemagne, et de l'autre par la Russie.

Après la dernière guerre russo-turque, le traité de Berlin a poussé l'Autriche en Orient en lui faisant occuper la Bosnie et l'Herzégovine. Plus tard, on la poussera peut-être plus loin, et alors elle finira par former en Orient, à côté de la Russie, une seconde puissance slave. Il paraît que l'Autriche y trouve son intérêt, tandis qu'elle donne, par cela même, une preuve de plus du manque absolu d'une ligne de conduite bien tracée dans sa politique orientale.

Comment, en effet, admettre l'existence, pour l'avenir, de deux empires slaves en Orient?

Est-ce que la Russie le permettrait?

Au moment même où nous écrivons ces lignes, les faits qui se passent dans les provinces slaves soumises à l'Autriche, en Bosnie et en Herzégovine, ainsi que le mouvement qui se prépare dans tout l'Orient slave par la Russie même, nous dispensent de répondre à cette question.

Est-ce qu'alors l'Autriche pourra conserver ces provinces et se défendre contre la Russie?

Quels seront ses moyens?

Les Slaves?

Mais comment et pour quelles raisons, encore une fois, les Slaves lutteraient-ils contre les Slaves, contre leurs vrais intérêts de race?

Parmi les Slaves, l'Autriche pourrait, jusqu'à un certain point, compter sur les Polonais, toujours horriblement maltraités par la Russie, et par conséquent ennemis implacables de cette puissance.

Si maintenant il s'agissait de choisir entre les dominations russe et autrichienne, les Polonais préféreraient naturellement la dernière, dont l'administration intérieure est de beaucoup la plus libérale et la plus civilisée. Néanmoins on ne saurait rien affirmer avec certitude, car en matière politique et de race, la question pourrait changer de terrain, surtout si le gouvernement russe se décidait à octroyer à tous les peuples slaves une constitution libérale, chose qui faciliterait et activerait, d'une manière inattendue, leur unification générale.

Il n'y a donc que la France, ou pour mieux dire, la race latine et l'Angleterre, qui pourraient intervenir et donner une solution plus ou moins avantageuse à ce problème, si toutefois l'on veut sauver les trois petites nations grecque, roumaine et hongroise, particulièrement exposées à jouer le rôle de victimes dans les événements qui auront pour résultat définitif la dislocation de l'Empire turc et de l'Empire austro-hongrois.

Malheureusement, la ligue slavo-allemande a déjà, comme nous venons de le voir, pourvu de bonne heure à tous les moyens propres à adoucir l'opposition qu'elle pourrait rencontrer de ce côté.

Dans ce but, elle pousserait la France à la conquête de la Belgique et de la Suisse, l'Espagne à celle du Portugal, et l'Italie à celle du Tyrol et de l'Istrie, qu'elle convoite depuis si longtemps.

Qu'on ne lui cède rien ou qu'on lui abandonne l'Egypte, pour la lui reprendre ensuite, l'Angleterre, pendant la solution de ce grand problème, se tiendra toujours à l'écart, sa politique matérialiste ne lui permettant pas de voir au-delà et lui dictant, au contraire, comme par le passé, une abstention complète.

Il est donc plus que probable que, dans un cas de guerre, l'Autriche sera abandonnée à elle seule, comme en 1866.

Dans une lutte entre l'Allemagne et l'Autriche, ou entre la Russie et l'Autriche, nul doute que la victoire ne reste aux premières. L'Autriche, par sa composition anormale de nations hétérogènes, ne saurait soutenir longtemps le choc de ces puissances; il lui faudra plier devant la force même des choses, voir de ses propres yeux la destruction de son empire, son partage entre ses deux ennemies, et assister à la formation du *grand Etat allemand* et du *grand Etat slave*, augmentés de ses débris et de ceux de la Turquie.

Toutes les populations de race slave, ainsi que les Roumains, devront passer sous la domination russe, tandis que toutes celles de race allemande, y compris les Hongrois, passeront sous la domination allemande.

C'est le décret absolu de la haute cour politique russo-teutonne.

Il est très facile, en effet, de se convaincre qu'il ne peut en être autrement, car l'Allemagne et la Russie ne permettront plus que des populations sœurs constituent, dorénavant, sous des dominations étrangères, des Etats impossibles.

Ces puissances, outre qu'elles trouveront en leur faveur et le principe et la raison de la société moderne, seront toujours prêtes à déployer toutes leurs forces disponibles pour achever complétement la destruction d'un pareil état de choses.

De l'Orient dirigeons maintenant nos regards vers l'Occident, et voyons ce qu'il adviendra de ses petits Etats après les grands événements que nous venons de signaler.

Nous avons dit quelques mots, et c'est déjà trop, de la Belgique, de la Suisse et du Portugal ; occupons-nous un peu de la Hollande.

La Hollande, aussi très menacée dans son existence, intéresse autant l'Allemagne que la Grèce intéresse la Russie, car elle possède une marine et des colonies dont sa voisine a un indiscutable besoin.

Que cette marine florissante et ces colonies passent entre les mains de l'Allemagne, et voilà non seulement la France, mais aussi l'Angleterre menacées directement dans leur avenir.

L'Allemagne deviendrait alors la première nation maritime de l'Europe après l'Angleterre.

Il est bien entendu que l'Allemagne, une fois en possession de la Hollande, ne s'arrêtera pas là. Elle a, plus que toute autre nation de l'Europe, l'élément nécessaire pour constituer une force colonisatrice puissante dans l'empire des mers, et à ce titre, elle a aussi devant elle la perspective de devenir la plus importante métropole en Europe pour un grand nombre de colonies en Orient.

Que peut faire la Hollande seule pour conjurer ce péril? Rien.

Dépourvue de tout appui, sans pouvoir déployer une force de résistance suffisante, elle devra nécessairement subir la conquête de l'Allemagne. Mais une fois la métropole entre ses mains, toutes ses colonies ne tarderont pas à y passer aussi.

La France seule pourrait, à la rigueur, sauver les colonies. Par sa marine beaucoup plus forte que celle de l'Allemagne, et par ses possessions de Cochinchine, situées en face de Batavia, elle pourrait les disputer à l'Allemagne. Mais, si un de ses futurs cabinets trouve bon et avantageux d'accepter la Suisse et la Belgique, la Hollande deviendra allemande *avec toutes ses colonies ;* au contraire, si une pareille combinaison est repoussée, elle ne pourra quand même échapper à cette domination tandis que les colonies deviendront le point de mire de luttes maritimes entre ces deux puissances. Il est d'ailleurs facile de prévoir comment finiront ces luttes, surtout si la France est réduite à combattre seule sur ce terrain. Dans ce dernier cas, il est évident que la Suisse et la Belgique, loin d'échapper, devront tomber aussi inévitablement sous la domination allemande.

Longtemps, le Danemark, la Suède et la Norwège ont été oubliés, et leur intervention dans le concert des puissances européennes a été presque nulle.

L'Allemagne seule, qui les convoitait, s'est toujours intéressée à ces provinces, dont les populations, d'origine teutonne, ne seront pas non plus épargnées.

Une fois les deux grands Etats, slave et teuton, constitués, quelle sera la puissance capable de s'opposer à leur plus grande extension ?

Nous n'en voyons aucune.

Qu'on nous prouve le contraire !

Et pour ne plus argumenter en vain, nous nous bornerons à soutenir que ces petits Etats du Nord seront à leur tour radiés, et puisque la grande idée de l'unification teutonne ne doit souffrir aucune atteinte, ils ne tarderont pas également à être incorporés à leur Tout naturel, comme dernières limites données au *grand Etat allemand et à son empire vers le Nord.*

Tout en ne perdant pas de vue le principe général qui préside à l'accomplissement de ces faits, nous ne pouvons affirmer que le mode d'action indiqué dans le document politique en question sera strictement suivi dans l'avenir.

Il est possible qu'avant la dislocation de l'Empire austro-hongrois, on tâche de démembrer la France ou de lui créer en Europe une situation politique qui ne lui permette pas de s'immiscer dans des affaires extérieures.

Mais ce que nous pouvons soutenir avec certitude, c'est que la grande œuvre allemande sera définitivement traduite en fait, d'une manière ou d'une autre, chacune de ces parties s'accomplissant dans des temps donnés, calculés d'après les circonstances et les moyens qui permettront d'agir avec efficacité et sans appel.

Nous ne soutenons pas non plus que toutes ces grandes transformations s'accompliront dans un, deux ou trois ans, mais nous pouvons affirmer qu'au commencement ou, au plus tard, dans le courant du siècle prochain, les deux grands Etats, du *Slavisme* et du *Germanisme*, seront inévitablement constitués conformément au plan général de la réorganisation européenne.

4

LA RACE LATINE

L'ANGLETERRE

———

D'après tout ce qui précède, nous croyons avoir donné une solution plus ou moins logique à la grande question politique qui s'agite de nos jours.

La tendance trop manifeste du Pangermanisme et du Panslavisme, en vue d'établir leurs deux grands Etats, implique donc nécessairement l'affirmation complète des races prédominantes en Europe.

Ces deux faits politiques sont déjà trop avancés pour qu'il soit encore permis de douter des conséquences inévitables qui en résulteront dans l'avenir.

Peut-être objectera-t-on l'impossibilité d'une entente parfaite et continue entre l'Allemagne et la Russie pour l'achèvement de leur œuvre?

Mais rien dans le passé ne nous fait découvrir un seul exemple qui puisse motiver une pareille objection. Tout nous autorise, au contraire, à soutenir que ces deux grands empires ont un intérêt réciproque à marcher longtemps encore de concert.

D'un autre côté, de même que l'Allemagne n'a aucun intérêt d'avancer, au détriment de la Russie, en Orient, où il n'existe que des Slaves qui ne pourraient jamais devenir Allemands, de même la Russie ne peut non plus jamais désirer de s'étendre, au détriment de l'Allemagne, en Occident, où les Slaves manquent absolument et où les Allemands ne consentiraient jamais à devenir des Slaves. Leur intérêt réciproque est, au contraire, de s'aider mutuellement pour concentrer, pour affermir et pour assurer dans l'avenir l'existence séparée de leurs propres races. Il est donc certain qu'à ce sujet l'entente est visiblement établie entre elles.

Mais il existe encore des Allemands sous la domination russe et des Slaves sous la domination allemande, quoique en nombre insignifiant.

En présence de cette grande révolution, dont le but principal est précisément l'affirmation complète des races en Europe, il est très possible qu'un échange à l'amiable s'opère entre ces deux puissances, en vertu duquel les Slaves passeraient tout simplement à leur famille et les Allemands à la leur.

Cependant, nous sommes prêts à admettre qu'une lutte de prépondérance surgira tôt ou tard entre ces deux puissances; mais il peut se faire aussi que cette prépondérance passe de droit, sans la moindre lutte, à celle qui réunira les qualités supérieures requises par la nouvelle époque que nous allons traverser.

Le germe des rivalités existe, bien entendu, dans la nature des hommes, et par conséquent dans la nature des peuples aussi, et en se développant, il est capable de produire des malentendus et, par suite, des luttes; mais ces luttes seront alors des plus sanglantes et des plus terribles entre deux colosses qui se disputeront la domination du monde. Il est facile de prévoir, dès à présent, que, dans un pareil cas, la victoire devra absolument passer du côté de celle des parties belligérantes, dont l'éducation morale et politique correspondra le plus aux conditions imposées par une civilisation avancée, c'est-à-dire à celle qui possédera à un plus haut degré le développement de sa *force morale*, la seule qui prime aujourd'hui et sans laquelle la force matérielle, quelque grande soit-elle, est frappée de faiblesse et d'impuissance pour l'avenir.

Jusqu'à ce jour, l'entente a été parfaite entre les gouvernements de ces deux races et, à moins de preuves contraires, nous devons conclure qu'elle se maintiendra telle longtemps encore.

Il arrive très souvent que les vues et les plans des gouvernements ne sont pas complètement partagés et soutenus par leurs peuples respectifs; que deux gouvernements sont d'accord et amis, tandis que leurs peuples sont ennemis implacables. Dans ce cas, si les gouvernements ne sont pas assez forts pour faire prévaloir leurs vues et pour combattre la haine qui sépare leurs peuples, les luttes deviennent incontestablement imminentes et peuvent, jusqu'à un certain point, entraver la marche des événements. Mais, une fois la haine satisfaite, le sang-froid et le raisonnement reviennent, les ennemis de la veille, reconnaissant leur fausse route, redeviennent les amis les plus intimes et recommencent l'œuvre commune qu'ils considéraient, avant la lutte, comme le germe de leurs discordes. En définitive, les gouvernements capables sont toujours à même d'empêcher ces luttes, et finissent par faire prévaloir leurs vues.

Si un jour l'entente paraît cesser entre les gouvernements mêmes, la raison n'en aurait d'autre but que de mieux dérouter l'action militaire et diplomatique des autres puissances qu'elles combattent. Le malentendu à peine commencé ne saurait durer longtemps, et finirait par une entente plus parfaite encore.

Dans la campagne entreprise par l'Allemagne et la Russie contre l'organisation actuelle de l'Europe, l'action, en général, doit donc être considérée comme commune et concertée d'avance, et, à moins que ce ne soit pour défendre leur propre existence, les autres nations ne pourront en aucune façon l'empêcher, attendu qu'elle est sur sa voie naturelle, déjà trop avancée, et assez forte pour détruire tous les obstacles qu'elle pourrait rencontrer sur sa route.

Il existe en Europe, à côté de la race slave et de la race teutonne, une troisième grande race, presque tout aussi nombreuse que les deux autres. Toutes les nations dont l'origine est plus ou moins latine en font naturellement partie intégrante, et, à ce titre, les nations française, italienne, espagnole, portugaise, roumaine, forment les membres principaux de la grande famille latine. Il faut une mauvaise volonté patente, une aberration *sui generis,* pour contester aujourd'hui cette vérité historique. Et, en effet, si les Français, les Italiens, les Espagnols, les Portugais et les Roumains ne sont pas latins, que sont-ils donc? Quelle est leur origine, et à quelle race, à quelle famille doivent-ils appartenir? Les Gaulois, les Francs, les Germains, les Vandales, les Lombards, les Visigoths, les Ostrogoths, etc., ont-ils donc pu détruire l'élément romain à ce point qu'il soit complètement disparu du reste de la terre?

De pareilles idées seraient absolument insoutenables, car quiconque a fait une étude sérieuse de l'histoire sait que, abstraction faite de la similitude des langues, des mœurs, des traditions, du caractère national, etc., qui prouve jusqu'à l'évidence l'origine commune bien définie des nations latines, tous ces peuples barbares, en partie ont constitué en Europe des nations distinctes encore existantes, en partie ont été repoussés hors d'Europe, et que ceux qui ont été moins forts, moins nombreux, s'y sont assimilés, se sont fondus dans le grand élément romain, comme ces petits ruisseaux qui se jettent dans les grands fleuves pour les agrandir et non pour les corrompre ou pour détourner leur cours naturel, leur direction imprimée *ab origine*.

Mais comme notre but n'est nullement de faire ici un cours d'histoire et d'ethnographie, nous devons nous arrêter à ces courtes réflexions, faites à l'adresse de tous ceux qui, pour noircir du papier, se plaisent à fausser la vérité et à avancer des idées sans fond ni portée sérieuse, dont les ennemis de la race latine s'emparent pour lui contester, en toute occasion, sa vraie et incontestable origine.

La race latine existe donc en Europe, telle que nous l'avons démontrée.

Cette grande race, dont le passé des plus illustres a trois fois ébloui le monde entier, ne devrait-elle pas finir par mieux se reconnaître, par s'affirmer, par se fortifier et par se redresser aussi à côté des autres races qui menacent de si près son existence ?

Assurément, dans les conditions actuelles, tant politiques que morales et matérielles, où elle se trouve, et, attendu que les nations qui la constituent de fait, forment de droit des puissances à part, tout à fait incapables de conserver et de défendre séparément leur existence dans l'avenir, la race latine ne saurait se comparer aux deux autres races déjà trop compactes, et risque, par conséquent, de devenir la tributaire, l'esclave de ses ennemies cent fois plus fortes.

Si donc les nations latines veulent subsister et ne point périr, elles doivent nécessairement, tout en gardant leur indépendance politique actuelle, rassembler leurs forces et constituer en Europe un seul corps politique soumis à une seule direction, ayant la même aspiration et visant à un même but, faute de quoi elles sont déjà condamnées à une perdition sûre et irrévocable.

Les colosses qu'elles ont devant elles ne plaisantent nullement, et leur action sérieuse devrait enfin réveiller les nations qui sont destinées à devenir, un jour, leurs victimes. Il faut qu'elles oublient complètement leur passé, où, à côté de beaucoup de grands actes dont leur histoire s'illustre, on trouve tant d'impardonnables erreurs de haute politique qui ne devraient plus être répétées dans l'avenir ; d'autres idées politiques, conformes à celles qui se pratiquent à notre époque, par les plus grands peuples, doivent les préoccuper, car, malheur à elles, si elles persistent encore dans la séparation et l'inaction coupable qui les poussent de plus en plus vers leur ruine !

Les peuples latins doivent finir aujourd'hui par s'aimer, par se prêter main-forte réciproquement et par apprendre de leurs adversaires comment une race devient forte, garantit son existence et assure son avenir.

L'Angleterre, dont le peuple ne veut pas affirmer tout à fait son origine teutonne, mais qui désire constituer hors du continent une race à part, est tout aussi menacée dans son avenir que les nations latines.

Conduite, dans le passé, par une grande politique, qui avait pour devise l'*Empire des mers*, elle a atteint son but. Cette œuvre a été vraiment grandiose pour l'époque à laquelle elle s'est opérée. Mais chaque idée a son époque, et telle idée politique qui, à une époque, a été merveilleuse, peut très bien ne plus rien valoir à une autre, et *vice versa*.

Aujourd'hui, l'Angleterre, dépourvue d'une grande idée politique, telle que l'exigent les temps modernes, est devenue une

puissance exclusivement commerciale et faiblement préparée
pour faire face aux événements futurs ; elle est en outre impuis-
sante à s'opposer à la réorganisation de l'Europe, qui s'opère
sous ses propres yeux et qui bientôt lui donnera beaucoup à
penser. Cette Angleterre, métropole de colonies peuplées de plus
de trois cents millions d'habitants, est tout aussi faible en Europe
que n'importe quelle puissance de troisième ordre. Elle a cherché
la richesse dans le grand Orient et elle l'a trouvée, tandis qu'en
Europe elle a complètement négligé son avenir.

Si Bonaparte n'a pu franchir la Manche, il ne faut pas que
l'Angleterre en tire une conséquence générale pour l'avenir, car
nous sommes certains que les Allemands, décidés à une pareille
expédition, l'accompliront sans peine, et, une fois sur son territoire, leur supériorité absolue pourra leur en assurer aussi la conquête définitive.

L'Angleterre tombée aux mains des Allemands, que deviendront ses colonies? Le centre de la force directrice qui les tient
en sa possession est incontestablement en Angleterre. Cette force
supprimée et remplacée par une autre, peut-être plus grande,
n'est-il pas tout naturel que les colonies suivent la même
destinée ?

Tant que cette puissance gardera une action politique séparée et tant qu'elle ne pourra compter que sur elle seule, la conquête de l'Angleterre par les Allemands nous paraît donc une
œuvre très simple et très facile à accomplir, tout aussi simple
et aussi facile que la conquête de Constantinople par les Russes.
Seule et sans aucun appui, elle ne pourra jamais opposer à son
adversaire une résistance suffisante, et, dans un cas pareil, nulle
puissance européenne ne pourrait non plus lui venir en aide
pour lui prêter main-forte et pour la sauver.

Donc, admettant la conquête de l'Angleterre par l'Allemagne, il est plus qu'évident que celle-ci aura toutes les chances de s'étendre librement dans le grand Orient et de partager ensuite avec la Russie la domination du monde.

Nous désirons ardemment nous tromper dans ces prévisions, car dans ce cas, outre l'Angleterre, les nations latines, dont nous faisons partie, seront également sauvées.

Mais, avant tout, nous voudrions voir la grande famille latine attachée à une œuvre plus sérieuse et préparée de bonne heure pour tout événement. Alors seulement nous pourrons espérer qu'il sera temps encore de contenir le *Slavisme* et le *Germanisme* dans leurs limites naturelles, à la seule condition, toutefois, que les nations latines et la nation anglaise sortent de la torpeur morale dans laquelle elles se trouvent, qu'elles fassent appel au retour des grandes idées, en dressant vigoureusement leur tête, afin de mieux se convaincre de leur situation actuelle et d'entrevoir aussi le péril dont elles sont effectivement menacées dans un très proche avenir.

A ce sujet, il est indispensable que les nations latines constituent *un seul corps* représentant leur race, *une seule force* résidant dans l'unité de leur action, *ayant une seule et unique direction pour l'avenir*, et que ce même corps forme avec la nation anglaise une ligue commune, sérieuse et solidaire, destinée à leur garantir à toutes une existence indépendante, à l'abri de tous les périls.

L'Autriche-Hongrie, la Grèce, la Roumanie, en Orient, la Hollande, la Belgique et la Suisse, en Occident, ainsi que toutes les autres petites puissances du Nord de l'Europe, en changeant leur système politique actuel, contraire à leurs vrais intérêts, et en réunissant leur action séparée à l'action générale de la *Ligue anglo-latine*, ont plus ou moins la chance de sauver aussi leur existence.

C'est à cette condition que la carte de l'Europe n'aura pas à souffrir une trop grande modification et que l'équilibre actuel pourra se maintenir encore pour un long avenir ; c'est à cette condition seule aussi, nous le répétons, que le *Pangermanisme* et le *Panslavisme*, que rien au monde ne saurait plus détruire dans son essence, pourront être au moins contenus dans leur limite naturelle.

Faute d'une entente commune, et toutes ces nations restant séparées et se conduisant d'après un système politique isolé, il est tout naturel que les deux grands géants de l'Europe tâchent de tirer le plus d'avantages possibles de cette situation, pour augmenter leurs ressources matérielles et pour obtenir la domination, non seulement de l'Europe, mais aussi du monde entier. En effet, il ne faut pas perdre de vue que le sort d'un grand nombre de peuples hors de l'Europe, dépendra aussi dans l'avenir du mouvement politique des peuples européens, et particulièrement de la volonté exclusive des puissances prépondérantes dans cette partie du globe, et cela, par la simple raison que toutes les métropoles dont ils ont dépendu jusqu'à présent passeront elles-mêmes sous des dominations nouvelles, qui couvriront toute la terre de leur protection et de leur civilisation.

Qui prendra l'initiative pour la constitution de la ligue anglo-latine ?

Nous l'ignorons.

Quant à nous, nous avons rempli notre tâche en signalant le danger existant ; c'est aux parties menacées et, par conséquent, directement intéressées à le parer.

La puissance latine qui prendra cette initiative, qui relèvera la première le drapeau de son unité et qui saura mener à bonne fin cette grande et importante entreprise politique, aura seule le droit à la reconnaissance de toute la grande famille latine, ainsi qu'à celle de ces nations, tant de l'Orient que de l'Occident, péremptoirement menacées de jouer le rôle de victimes dans le dénouement de cette grande révolution en cours présentement en Europe.

Quelques mots encore à l'appui de nos préoccupations sur la grande question de l'avenir.

En général, on trouve dans chaque peuple et à chaque époque parmi les hommes qui dirigent l'opinion publique deux sortes de penseurs tout à fait opposés les uns aux autres, représentant deux catégories d'idées ou de vues politiques différentes, connues sous le nom d'*optimisme* et de *pessimisme,* sur lesquels il est important de nous arrêter un moment.

Il y a malheureusement, en effet, partout et spécialement chez les peuples d'origine latine, un plus grand nombre d'optimistes que de pessimistes.

Voyons un peu quels sont les uns, et comment pensent les autres.

Les optimistes sont ceux qui, ne pouvant porter leurs facultés intellectuelles, trop restreintes, au-delà du point de dérivation, sont absolument incapables ,de discerner clairement l'avenir. Pour ne pas fatiguer leur esprit trop délicat par des études sérieuses sur les événements passés et par des inductions et déductions sur les conséquences qui peuvent ou qui pourraient en résulter, ils trouvent plus commode de juger les choses sur leur simple apparence, qu'ils ont l'habitude de prendre pour la seule réalité, et de déclarer hautement toute préoccupation sérieuse sur l'avenir comme *utopie, illusion, chimère.* Hors le présent, il n'existe plus rien pour de tels penseurs politiques. Le passé, c'est le passé ; il ne les préoccupe nullement. Quant à l'avenir, leur devise est : *Après nous le déluge*. Voilà pour les optimistes.

Les pessimistes sont absolument le contraire. Tout en ne perdant pas de vue le passé et le présent, ils n'ont d'autre préoccupation que l'avenir, et, si c'est possible, l'avenir le plus lointain. A cette classe de penseurs appartiennent les philosophes politiques qui, ayant entre leurs mains les freins d'un gouvernement quelconque, sont seuls capables de faire le bonheur et d'assurer l'avenir de leurs nations.

Ceux qui ont fait le plus de mal à leurs nations, ceux qui ont été la cause primordiale de leur décadence et de leur perdition, ont été partout, et sans aucune exception, les soi-disant optimistes.

Si, dix ans avant la guerre franco-allemande, la France avait eu à sa tête de purs pessimistes, la catastrophe de Sedan n'aurait pas eu lieu, par la simple raison que l'Allemagne n'aurait pu déployer assez de force pour vaincre la France solidement et de bonne heure préparée à la repousser, à la mettre à la raison et à lui infliger une rude et amère leçon pour l'avenir. Mais malheureusement, à cette époque, les pessimistes se trouvaient à la tête de l'Allemagne, et faisaient tout leur possible pour gagner l'Europe en leur faveur, pour consolider les forces de leur pays et pour étudier à fond les ressources dont pouvait disposer leur adversaire.

La France, au contraire, était à la merci d'incapables et nonchalants optimistes, qui ne se souciaient guère du lendemain et qui ont négligé, jusqu'au dernier jour, les préparatifs sérieux, réclamés par une guerre entreprise contre les plus forts ennemis qu'elle ait jamais eu à combattre.

Si, d'autre part, la Turquie avait eu à sa tête de véritables pessimistes qui eussent regardé l'avenir avec plus de méfiance, elle serait devenue, depuis longtemps, une puissance plus civilisée, plus forte et plus influente en Orient.

Ces pessimistes lui auraient fait gagner non seulement l'amitié des Grecs et des Roumains, mais peut-être encore celle des populations slaves, en lui assurant, en outre, des sympathies réelles en Occident. Mais, hélas ! comme l'Orient, ou pour mieux dire, la race ottomane, en général, ne vit que de rêves, même dans les hauts cercles politiques, et abonde, plus que toute autre nation de l'Europe, en optimistes connus sous le nom de *Pachas* ou en gens légers, qui, malgré toute l'instruction reçue dans des pays civilisés, abandonnent leur existence et leur avenir à un destin invincible d'après eux, l'Etat turc, au lieu de progresser, a, au contraire, rétrogradé, en se créant partout des ennemis implacables, en s'attirant l'indifférence de toute l'Europe et en s'approchant ainsi du précipice, qui bientôt finira par l'engloutir et par le faire disparaître complètement de la carte de l'Europe.

Enfin, si l'Autriche-Hongrie, l'Italie, l'Angleterre, etc., avaient été depuis longtemps conduites par des pessimistes, l'Europe ne se trouverait pas aujourd'hui sur ce terrible volcan qui, du jour au lendemain, tend à faire irruption et à la jeter dans une des plus terribles révolutions politiques.

Mais précisément parce qu'il n'y a eu que deux Etats conduits par des pessimistes, ou pour mieux nous exprimer par de véritables grands hommes d'Etat, l'Allemagne et la Russie, et parce que tous les autres ont été livrés à la direction politique des optimistes, l'Europe a déjà subi tant de transformations et est à la veille d'en subir encore de plus grandes.

Ces optimistes, occupant de hautes positions dans la diplomatie, dans la presse et dans le gouvernement de leur pays, et ne voulant rien apprendre des erreurs du passé, continuent à attribuer, encore aujourd'hui, la même importance qu'auparavant, à ces soi-disant *alliances de courtoisie*, inconséquentes et éphémères, établies pendant la paix entre diverses puissances. Ces hommes bâtissent sur de pareilles alliances des plans qui ne manquent pas après de tomber inévitablement dans l'eau, et préfèrent attendre les événements, avec la ferme conviction que, si leurs Etats en souffraient, ils trouveraient partout aide et secours en cas de besoin.

Mais alors, pourquoi la France, cette grande France, qui a répandu tant de bienfaits sur l'humanité, n'a-t-elle pas pu trouver le moindre secours dans toute l'Europe, alors qu'elle se trouvait, en 1870-1871, entre les griffres de son ennemie ?

Pourquoi la Turquie, qui se croyait indispensable au maintien de l'équilibre européen et, comme telle, soutenue par l'Angleterre, l'Italie, la France et l'Autriche, a t-elle été achevée par la Russie sous les propres yeux de ces nations et à l'applaudissement de toute l'Europe ?

Pourquoi l'Autriche, forte d'alliances offensives et défensives, conclues avant Sadowa, n'a-t-elle pas pu trouver alors un sauveur dans toute l'Europe ?

Parce que toutes ces alliances, antérieures à ces guerres, ont été simplement des alliances sans fond réel, où n'étaient pas prévus avec certitude les événements contre lesquels plus tard elles se sont heurtées, et parce que toutes ces alliances ont été conclues précisément par ces esprits optimistes tout à fait incapables de prévoir l'avenir.

Ce qui est arrivé arrivera encore ; mais cette fois, comme il s'agira du plus grand problème que l'Europe ait à résoudre, malheur aux peuples qui se laisseront encore conduire par de semblables idées à *courte portée,* idées qui, en définitive, ne peuvent que compromettre sérieusement leur existence !

Enfin, pour nous résumer, nous affirmons, une fois pour toutes, que l'optimisme, en politique, équivaut à la plus triste médiocrité. Il est l'apanage exclusif des hommes légers, constituant dans la société une classe incapable et dangereuse, que l'on devrait complètement éloigner de la vie publique, où elle ne se mêle que pour produire des troubles et pour préparer les grands malheurs des peuples.

L'avenir demande de véritables grands hommes d'Etat, philosophes et politiques tout à la fois, capables de préparer les ressources nécessaires en vue des événements futurs que leur génie seul peut entrevoir au travers des nuages qui les cachent, et qui soient à même de signaler la véritable route par laquelle un peuple doit passer.

L'optimisme est la négation complète du positivisme en politique, et l'affirmation de la plus grande incapacité en diplomatie.

En présence donc des événements qui menacent toutes les nations de l'Europe, il importe d'envisager plus sérieusement les choses, et au lieu de se fier avec tant de légèreté à ces alliances éphémères, songer et travailler de toutes les forces disponibles aux alliances naturelles dont la base soit une solidarité sérieuse et réciproque, qui leur imprime en même temps le vrai cachet de durée, si toutefois on ne veut pas continuer à faire fausse route et à compromettre ainsi définitivement la sécurité dans l'avenir.

Nous répétons que, selon nous, la seule alliance possible, naturelle et durable, en état de tenir tête au développement de la race slave et de la race teutonne, ne saurait être que la constitution immédiate de toutes les nations latines en un seul corps politique représentant leur race, soumis désormais à une même direction, et soutenu par l'Angleterre et par tous les autres Etats directement menacés du même péril.

Montesquieu a dit : « QU'IL VIENDRA UN TEMPS OU TOUS LES ÉTATS LATINS SERONT EN FACE DE CES DEUX GRANDES UNITÉS DU GERMANISME ET DU SLAVISME, COMME LES RÉPUBLIQUES SÉPARÉES DE L'ANCIENNE GRÈCE ÉTAIENT EN FACE DE LA FORMIDABLE RÉPUBLIQUE ROMAINE. — IL EST PLUS QUE PROBABLE QUE CES ÉTATS CONTEMPORAINS SUBIRONT LE MÊME SORT QU'ONT SUBI TOUTES CES PETITES RÉPUBLIQUES DE LA GRÈCE. »

Nous tremblons à la seule pensée qu'il puisse avoir raison encore aujourd'hui. Cet esprit pessimiste a bien entrevu l'avenir, car voilà sa prédiction à moitié réalisée.

Si, maintenant, en présence des données politiques actuelles, plus que positives, les Etats latins persistent néanmoins à croire que, seuls et séparés, ils peuvent résister aux colosses qui les menacent, ils se trompent amèrement.

Dans ce dernier cas, il est plus que probable que cette prédiction ne tardera pas à se réaliser définitivement, donnant pour résultat, *outre la disparition de plusieurs petits et grands États de l'Europe*, L'ANÉANTISSEMENT COMPLET DE TOUS LES ÉTATS LATINS, AINSI QUE LA RÉDUCTION DE LEURS POPULATIONS AU ROLE DE TRIBUTAIRES

DES AUTRES DEUX GRANDES RACES, PLUS COM-
PACTES, PLUS AVANCÉES ET PLUS PUISSANTES, QUI
DOMINERONT LE MONDE ENTIER.

Voilà ce à quoi les esprits optimistes ne pensent guère,
et voilà ce qu'ils ne sont capables ni de comprendre ni de
prévoir.

La guerre, une guerre de vie ou de mort, la grande guerre
de race, approche donc avec la rapidité de la foudre.

Nous ne pouvons pas l'arrêter; elle est imminente; elle est
là devant la porte; elle éclatera demain.

Mille fois aveugles ceux qui ne la voient pas!

Peuples latins!

Oublions nos griefs, fraternisons, resserrons nos rangs, et
préparons-nous, TANT QU'IL EN EST TEMPS ENCORE,
à la défense de notre existence, sérieusement menacée dans
l'avenir.

UNIS, C'EST LA VIE; DIVISÉS, C'EST LA MORT,
UNE MORT SURE, CERTAINE ET INÉVITABLE.

www.ingramcontent.com/pod-product-compliance
Lightning Source LLC
Chambersburg PA
CBHW070938280326
41934CB00009B/1929